Bienvenido al Templo de Cristo

Viaje hacia la iluminación espiritual

Rev Dr. Richard B. Gorge

Derechos de autor

Bienvenido al Templo de Cristo

Tabla de contenido

Capítulo uno

Introducción

Bienvenido al Templo de Cristo

En los corredores sagrados de la iluminación espiritual y la sabiduría intemporal se encuentra el corazón de "Bienvenido al Templo de Cristo". Este libro no es solo una colección de páginas, sino una invitación a embarcarse en un viaje transformador, una peregrinación en las profundidades de la fe, el amor y las profundas enseñanzas de Cristo.

Abrir estas páginas sagradas revelan una exploración del santuario interno del templo, un espacio donde los buscadores y los creyentes pueden descubrir la esencia de la espiritualidad. Es una oda a las enseñanzas de Jesucristo, tejiendo narrativas que trascienden el tiempo, ofreciendo soluces, orientación e inspiración a las almas cansadas que navegan por las complejidades de la vida.

Cada capítulo actúa como un portal, que usaban los lectores en un reino etéreo de introspección espiritual. Desde los suaves susurros de parábolas hasta los hechos resonantes de sermones profundos, este libro encapsula la esencia de las enseñanzas de Cristo, fomentando una conexión más profunda a las verdades divinas y una profunda comprensión de la fe de uno.

A través de la investigación interpretadora de investigación y vida ecológica, "Bienvenido al Templo de Cristo" ilumina los principios universales del amor, la compasión, el perdón y la redención enseñada por el Mesías. Deseó la importancia de la vida de Cristo y su mensaje, trascendiendo los límites denominacionales para abrazar a los solicitantes de todos los caminatas, guiando a la paz interior y el despertar espiritual.

Dibujando del profundo depósito de la sabiduría bíblica, este libro no merece simplemente infringir a los lectores para reflejar, cuestionar y contemplar su existencia a la luz de las enseñanzas divinas. Sirve como un baliza, guía de almas a través del laberinto de dudas e incertidumbres, en última instancia, lo llevas al santuario eterno de la fe y la comprensión.

"Bienvenido al templo de Cristo" no es solo un libro, es una realización de lo divino, una invitación para dudar en el espacio sagrado donde las flores de belleza y las almas encontrarán solas. Que sea que sea una luz guía en el camino hacia la iluminación espiritual y una comunión más profunda con las enseñanzas de Cristo.

El viaje comienza

La vida, un interruptor de picante de momentos, secíenos para embarcar en un viaje de autoescalguencias y posibilidades sin límites. "El viaje comienza" encapsula la esencia de nuevos comienzos: la anticipación, la emoción y la trepación que acompañan a los primeros pasos en lo desconocido.

En el umbral de esta Odisea, se encuentra en una encrucijada, listos para atravesar territorios inalcedados, dejando atrás la familiaridad de lo conocido. Es un momento que pulsa con potencial, temiendo con la promesa de crecimiento, aprendizaje y transformación.

Con cada latido del corazón, el viaje no se trata, como los capítulos de apertura de una historia cautivadora, rebosante de aventuras notas y twistsive imprevistos. Es un lienzo que espera a los trazos de coraje, resiliencia y determinación para armar una narrativa única.

A menudo, el viaje comienza con un paso singular, un acto decisivo que resuelve la salida de las zonas de confort del pasado. Ya sea alimentados por aspiraciones, sueños o simplemente una curiosidad innata, este shate inaugural significa un compromiso con exploración, descubrimiento y evolución.

En la sinfonía de la vida, "el viaje comienza" orqueste una melodía de anticipación, guiando a los individuos a través del laberinto de experiencias que dan forma a su destino. Es un recordatorio de cada momento, cada encuentro, cada desafío encontrado en el camino contribuye al intrincado mosaico de la existencia de uno.

Abrazando la incertidumbre de este viaje inaugural, las personas se convierten en arquitectos de su destino, navegando por los EBB y fluyen con una determinación inquebrantable. El viaje se desarrolla como un testimonio de la resiliencia del espíritu humano, un testimonio de la resiliencia del Espíritu Humano, una búsqueda continua del crecimiento y la autorrealización.

En la esencia de este comienzo radica el poder de reinventar, aprender, adaptar y avergaminarse. "El viaje comienza" Beckons, instando a las personas a abrazar a la desconocida, porque dentro de sus profundidades se encuentran los tesoros de la sabiduría, la resiliencia y la profunda belleza de la saga desplegable de la vida.

Abrazando la fe

La abrazadera de Feis en Cristo es akin para entrar en un abrazo de amor sin límites y inmobiliaria. Es un viaje que trasciende los límites temporales de la existencia, invitando a las personas a una comunión profunda con las enseñanzas, la gracia y la divinidad de Jesucristo.

En su núcleo, la abrazadera de Feis en Cristo significa que se rinde, no a la debilidad, sino a la fuerza divina que imprime cada fibra de existencia. Es una rendición de la creencia de que en medio de las tormentas tormulas de la vida, existe un anclaje, una garantía firme en el amor y la guía de Cristo.

Este acto de abrazar la fe no está limitado al mero reconocimiento, sino que se extiende a una confianza enderazada, una relación nutrida a través de la oración, la contemplación y una dedicación firme a la encarnación de las enseñanzas de Cristo. Es un reconocimiento de su sacrificio, sus enseñanzas de amor, perdón y compasión que sirven como principios rectores a través de la miríada de ensayos y triunfos de la vida.

A través de la fe en Cristo, las personas descubren un santuario-Un refugio donde las dudas disipan, temen desvanecimiento y esperan las manantiales eternas. Es un abrazo que envuelve el alma, ofreciendo soluces en tiempos de desesperación, fuerza en momentos de debilidad y un profundo sentido de propósito en las incertidumbres de la vida.

La abrazadera de Cristo no es un relleno de libre albordo libre, una revelación: una iluminación de un camino que conduce al cumplimiento espiritual y una existencia enriquecida. Es un viaje transformacional donde el corazón encuentra un espacio, la mente descubre la claridad, y el espíritu experimenta un profundo sentido de liberación.

Este abrazo de fe no se limita a un solo momento, pero evoluciona, profundiza y madura, un viaje continuo de crecimiento, comprensión y una conexión cada vez más profunda a la presencia divina de Cristo. Es una invitación a caminar de la mano con el Salvador, encontrar resistencia, orientación y cumplimiento final en su amor inquebrantable.

Capítulo dos

La fundación de las enseñanzas de Cristo

La fundación de las enseñanzas de Cristo descansa sobre un marco intemporal de amor, compasión, perdón y iluminación espiritual. Enraizado en parábolas, sermones y una vida vivida en servicio, estas enseñanzas forman la lucha de la filosofía cristiana, trascendiendo generaciones y culturas.

En su núcleo, se encuentra el concepto revolucionario del amor incondicional, una fuerza incomparable que imprimea las enseñanzas de Cristo. Su mensaje resuena en edades, instando a la humanidad a abrazar el amor como la piedra angular de la existencia, fomentando la unidad, la empatía y una conexión más profunda entre sí.

La compasión, otro pilar de las enseñanzas de Cristo, llama a las personas a extender la bondad y la comprensión a todos. Su vida ejemplificó la empatía, que se está volviendo a la marginada, abrazando el ineordenamiento y ofreciendo soluces a la lectura de una rosa desintigada en el poder transformador de la compasión.

El perdón, una piedra angular de las enseñanzas de Cristo, se encuentra como un baliza de la liberación. Sus profundas palabras y acciones ejemplifican la virtud de perdonar a otros, invitando a las personas a liberar las cargas de resentimiento y encontrar libertad para ampliar el perdón: un concepto radical que trasciende las normas humanas.

Las enseñanzas de Cristo sobre la Ilustración de espiritual sirven como una guía para los buscadores en su búsqueda de una mayor conciencia y comprensión. Sus parábolas y sermones dieron maldades verificadas profundas, guiando a las personas con la paz interior, la atención plena y una conexión más profunda a la Divina.

La fundación de las enseñanzas de Cristo no es solo una brújula moral, sino una hoja de ruta para la vida, una invitación a encarecer estas virtudes y principios en cada faceta de la existencia. Es una llamada a la acción, las personas desafiantes no solo entienden, practican activamente el amor, la compasión, el perdón y la iluminación espiritual en su vida cotidiana.

Al abrazar y vivir estas enseñanzas fundamentales, las personas se embarcan en un viaje transformador, un viaje que conduce no solo a la ilustración personal, sino también al enriquecimiento de las comunidades, fomentando un mundo guiado por amor, compasión, perdón y conciencia espiritual.

Comprender el amor y la compasión

Comprender el amor y la compasión a través de las enseñanzas de Cristo revelan una profunda profundidad de empatía y desinterés, un viaje a la misma esencia del amor divino.

Las enseñanzas de Cristo iluminan un amor que trasciende los límites, las expectativas y las condiciones. Su vida ejemplificó un amor incondicional, extendiendo la gracia y la compasión incluso a los que se consideren indignos por los estándares sociales. A través de sus acciones y parábolas, Cristo exhibió un amor que abarca todo, independientemente de las diferencias, los defectos o las transgresiones pasadas.

Esta comprensión del amor va más allá de la mera sentimiento: es una fuerza activa y transformadora. Llama a las personas no solo para sentir el amor sino que la encarnarán en sus acciones, pensamientos e interacciones. Es un amor que cura heridas, manda el ranura y fomenta la unidad en un mundo a menudo dividido por lucha y discordia.

La compasión, íntimamente entrelazada con las enseñanzas de Cristo sobre el amor, es la manifestación de la empatía en acción. La vida de Cristo fue un tema al servicio compasivo que se está acercando al sufrimiento, al reconfiguración y afortunadamente y esperaba que el inadelamento. Sus enseñanzas imploran a las personas para verse en otros, extender una mano de ayuda sin juicio, y aliviar el dolor de aquellos que necesitan.

Comprender el amor y la compasión a través de la lente de las enseñanzas de Cristo no es solo una búsqueda intelectual, sino una llamada a la transformación, un desafío para vivir de una manera que refleja el amor divino ejemplificado por Jesús. Es una invitación para caminar el camino de la empatía, para nutrir un corazón que se desborda con compasión y participar activamente en actos de amabilidad y servicio a otros.

En última instancia, para entender el amor y la compasión de Cristo es vivir una vida que refleja estas virtudes: una vida que hace eco del amor desinteresado y la compasión ilimitada demostrada por el Salvador, fomentando un mundo iluminado por el poder transformador del amor divino y la compasión inquebrantable.

El poder del perdón

El poder del perdón, como iluminado por las enseñanzas de Cristo, es una fuerza trascendente capaz de la mayoría de las heridas, restaurando las relaciones y liberando al espíritu humano de los grilletes de amargura y resentimiento.

El profundo énfasis de Cristo en el perdón no era solo una sugerencia; Fue un mandato revolucionario, una salida radical de las normas que prediaban de su tiempo. Sus enseñanzas en el perdón no estaban enraizadas en debilidad, sino en fuerza, demostrando el poder transformador de dejar ir a los quejas y extender la misericordia.

El perdón, según las enseñanzas de Cristo, no es un perdón solo para el mala insuficiente; Es una liberación para el perdonador. Libera las cadenas de enojo y amargura que unen el corazón, ofreciendo un camino hacia la paz interior y la curación emocional. Las parábolas y ejemplos de las Naciones de Cristo ilustran la naturaleza catártica del perdón: una liberación de las cargas que pesan por el alma.

Este poder de perdón se ve no solo en las enseñanzas de Cristo, sino también en sus acciones. En la cruz, en medio de agonía, pronunció palabras de perdón, epitomizando el acto final de perdonar a los que lo lo hicieron. Se trata de un testimonio al potencial transformador de dejar ir y abrazar el perdón, incluso a la cara del sufrimiento profundo.

Comprender el poder del perdón a través de la lente de las enseñanzas de Cristo es agarrar su fuerza inherente: la capacidad de romper ciclos de venganza, para fomentar la reconciliación.

Además, las enseñanzas de Cristo en el perdón desafían a las personas a extender la gracia para que se perdonen sus propias deficiencias y errores. Es una invitación a abrazar la autoprocesación, reconociendo que el perdón es un viaje que comienza dentro de uno mismo, irradiando hacia afuera.

En esencia, el poder del perdón, como iluminado por las enseñanzas de Cristo, es una fuerza transformadora que restaura la armonía dentro, reconstruye las relaciones y contribuye a la creación de un mundo donde la misericordia, la reconciliación y la curación reenvía suprema. Es una herramienta potente para la liberación personal y la transformación social, guiando a la humanidad hacia un futuro anclado en compasión y reconciliación.

Capítulo tres

Explorando el templo

"Explorando el templo "invita a las personas a una odisea espiritual, un viaje inmersivo de autodecuibles, iluminación y conexión profunda dentro de los precintos sagrados del alma.

El templo, metafórico en su esencia, representa el santuto interno, las profundidades de uno estar siendo donde se convierte la espiritualidad, la fe y las verdades divinas. Se hace que los buscadores se embarcan en una búsqueda, aventurarse en los corredores de laberinto de introspección, contemplación y comprensión.

Esta exploración trasciende el reino físico, profundizando en los reclamos de conciencia y espiritualidad. Es una peregrinación donde uno encuentra el mosaico de emociones, creencias y experiencias que dan forma a la tela de su existencia, un lugar para enfrentar los miedos, abrazar las vulnerabilidades y desenterren las fortalezas ocultas.

Dentro de este templo se encuentra el repositorio de sabiduría, akin a una antigua biblioteca adornada con los desplazamientos de las ideas obtenidas de las enseñanzas de la vida y el profundo conocimiento otorgado por la iluminación espiritual. Es un espacio donde los buscadores encuentran verdades universales, principios rectores y la sabiduría eterna encapsulada en las enseñanzas de sabios y profetas.

Explorar el templo no es simplemente un esfuerzo pasivo, es un compromiso activo, un diálogo entre el buscador y lo divino. Implica reflejo, meditación y una voluntad de profundizar más fácilmente capas para revelar las verdades núcreas que resonan con el alma.

Además, esta exploración sirve como una búsqueda de conexión, una comunión con la presencia divina, una comprensión de un propósito, y una realización de la interconexión con toda creación. Es un viaje que fomenta una relación más profunda con el sagrado, nutriendo un sentido de reverencia y gratitud por los misterios de la vida.

En última instancia, "explorar el templo" encapsula la búsqueda de la trascendencia -A una búsqueda que conduce a la autorrealización, el crecimiento espiritual y una alineación armoniosa con la sinfonía cósmica. Es una invitación para atravesar los paisajes sagrados dentro de, descubrir los trozos profundos que esperan a aquellos que buscan desenvolver los misterios de su ser más interno.

SANTUM INTERN: Encontrar paz dentro

Dentro de las profundidades de nuestro ser un mentiroso, el santuario elusivo, un santuto interno donde las tutorumules marcas de la vida sonban, y la serenidad prevalece. "Sanctum Inner: encontrar la paz dentro" encapsula el viaje hacia este tranquilo oasis, la búsqueda de la paz interior en medio de los caos de la vida.

Este espacio sagrado dentro de nosotros no es un verdadero mecánico sino un santuario espiritual y emocional, un refugio de las tormentas de ansiedad, duda y agitación. Es un lugar donde se cuesta la cacofonía de presiones externas, lo que permite que los susurras de la sabiduría interna resonan profundamente.

Encontrar la paz dentro de comienzos con introspección, una exploración deliberada de nuestros pensamientos, emociones y creencias. Es un viaje que implica enfrentar las sombras que se quedan dentro, reconociendo temores y abrazando las vulnerabilidades con comprensión compasiva.

En esta búsqueda, las personas se embarcan en una búsqueda de autoconciencia: una profunda comprensión de su esencia, aspiraciones y valores. Es un proceso de autoestimazo, reconociendo imperfecciones como facetas de una existencia bellamente fallida, fomentando la autoprocesación frente a la adversidad.

El viaje hacia la paz interna implica derramar las cargas del perdón perdurado y otros, liberando el agarre de resentimientos y abrazando el poder liberador del perdón. Es una elección consciente de no desecharse de las cadenas de la esclavitud emocional, allanando el camino para una profunda curación y reconciliación.

Además, cultivar a la atención plenada y la conciencia actual es una piedra angular en la búsqueda de la tranquilidad interna. Me implica anclarse en la belleza del presente, abrazando la riqueza de cada momento y dejando ir a las ansiedades sobre el futuro o lamenta el pasado.

La búsqueda de la paz interior no es solitaria; Es un esfuerzo común, un intercambio de amor, amabilidad y empatía con otros. Está reconociendo la interconexión de la humanidad y extendiendo la compasión a los que atravesaban sus propios caminos tumultuosos.

En última instancia, "Sanctum Inner: encontrar paz dentro" significa la culminación de un viaje transformador, una alineación armoniosa de la mente, el cuerpo y el espíritu. Está descubriendo que el medio del caos de la vida, un bien eterno de la paz reside dentro de un santuario accesible para todos los que buscan soluces, claridad y la profunda tranquilidad que emane de las profundidades del alma.

Caminos al crecimiento espiritual

"Rutas hacia el desarrollo de otros derechos" Retrata una excursión compleja hacia la edición, incorporando diferentes cursos que conducen a las personas a una asociación más profunda con las identidades celestiales y sus interiores.

Una vía al crecimiento espiritual implica introspección: un sojoín reflectante en los recaudados del alma de uno. Es una peregrinación guiada por autoconciencia, lo que provocó que las personas exploren sus creencias, valores y propósito. A través de la introspección, una potencía inactiva de desenterrados, enfrenta limitaciones personales y cultiva una profunda comprensión del yo.

Otra avenida es la búsqueda del conocimiento: una búsqueda de sabiduría e iluminación a través del estudio de textos espirituales, enseñanzas y conocimientos filosóficos. Esta vía implica profundizar en las escrituras sagradas, buscando orientación de mentores espirituales y nutrir una sed para comprender verdades universales que trascienden los límites del conocimiento convencional.

Meditación y minuciosidad forman otra vía transformadora al crecimiento espiritual. Al sumergirse en el momento presente, las personas cultivan la paz interior, silenciosa la inminente charla de la mente y establece una conexión más profunda con la esencia de la existencia. A través de la meditación, uno accede a los reinos interiores, alcanza claridad y se embarca en un viaje transformador hacia la iluminación espiritual.

El servicio y la compasión emergen como canciones nobles a la evolución espiritual. Al extender la bondad, el desinterés y la empatía a otros, las personas no solo contribuyen al bienestar de la humanidad, sino que también se someten a una transformación personal. Sirviendo a otros enciende un profundo sentido de propósito, nutriendo un espíritu de generosidad y fomentando la interconexión con todos los seres vivos.

Además, las experiencias en la naturaleza a menudo sirven como traylos profundos para el crecimiento espiritual. La belleza de los paisajes naturales, la serenidad de los bosques, y la grandeza de montañas asombrosas pueden evocar un sentido de trascendencia, conectando a individuos a un aspecto más profundo y más profundo de la existencia.

En última instancia, "rutas hacia el crecimiento espiritual" encapsula diversas avenidas, un mosaico de prácticas, creencias y experiencias que conducen a los buscadores hacia la iluminación. Cada vía, única en su esencia, contribuye a la evolución holística del individuo, fomentando la madurez espiritual, la paz interior y una alineación armoniosa con la divina dentro y alrededor de nosotros.

Capítulo cuatro

Comunidad y Beca

Comunidad y Comerciante epitomizan la interconexión y las experiencias compartidas que tejen el tejido de la existencia humana. Representan el tapices de las relaciones, el apoyo y los bonos comunales que nutren, levantan y mantienen a las personas en sus viajes de vida.

En la comunidad, las personas encuentran un lugar de Haven-un lugar donde prospera la diversidad, las ideas florecientes y los corazones conjuntamente. Es una reunión de almas, cada una de las contribuciones únicas a los lienzos colectivos, fomentando un entorno donde abundan la aceptación, la comprensión y la empatía.

La comunión incorpora el espíritu de la unión: una comunión de espíritus de los Estados Unidos, los valores, las creencias o las aspiraciones compartidas. Transciende mericamente conocido, profundizando en las profundidades de las conexiones genuinas, fomentando un sentido de pertenencia y camaradería entre sus miembros.

Ambas comunidades y compañeros ofrecen apoyo durante los ensayos y celebraciones de la vida durante los momentos de alegría. Proporcionan solacro en tiempos de desesperación, orientación en momentos de incertidumbre y una plataforma para el crecimiento y el aprendizaje mutuo.

Además, estos estados comunes sirven como catalizadores para un crecimiento personal y colectivo -urmurando un entorno donde las personas prosperan, aprenden de las experiencias de los demás, y se esfuerzan colectivamente para el mejoramiento de la comunidad. A través de experiencias compartidas y apoyo mutuo, la comunidad y la comunión se convierten en pilares de fortaleza, fortalecimiento individuales y empoderándolos a navegar por miradas de desafío de la vida mientras celebran sus triunfos en unísono.

Conexión a servicio

"Conexión a servicio" incorpora la potencia transformadora de la desinterencia, fomentando las conexiones profundas que trascienden los límites y unen a las personas en actos compartidos de amabilidad, compasión y soporte.

El servicio se convierte en un conducto para una buena forma humana, un puente que reúne a las personas de diversos fondos, ideologías y culturas. Ofrece un terreno común donde las diferencias se desvanecen, reemplazadas por un compromiso compartido para mejorar las vidas de los demás.

A través del servicio, los individuos forjan los bonos basados en la empatía y la comprensión, descomponiendo las barreras que a menudo dividen las comunidades. Es un recordatorio de nuestra humanidad compartida: una fuerza unificadora que permite a las personas que aumenten las diferencias y trabajan hacia un objetivo común de hacer un impacto positivo en el mundo.

El servicio cultiva la empatía al permitir que las personas entren a los zapatos de los necesidades. Fomenta una comprensión más profunda de las luchas de los demás, encendiendo el deseo de aliviar el sufrimiento y crear un mundo más compasivo. A medida que las personas se involucran en actos de servicio, no solo levanta a los demás sino también experimentar un crecimiento personal, cultivando humildad, gratitud y un sentido de cumplimiento que proviene de hacer una diferencia.

Además, el acceso a través de servicio fortalece las comunidades fomentando un espíritu de colaboración y responsabilidad colectiva. Nutre una cultura de apoyo, donde las personas se unen, agrupando sus habilidades, recursos y esfuerzos para abordar los desafíos sociales y generar cambios positivos.

Las conexiones forjadas a través del servicio se extienden más allá del impacto inmediato del acto mismo. Crean un efecto de ondulación, inspirando a otros a unirse, amplificando el alcance de la bondad y creando una red de individuos dedicados a crear un mundo mejor a través de una acción colectiva.

En última instancia, la conexión a servicio no se trata solo de dar; Se trata de construir relaciones, fomentar la empatía y crear un mundo más compasivo e interconectado donde los reflegentes de la humanidad se fortalecen a través de actos de servicio desinteresado.

Nutrir relaciones

Las relaciones de nutrición son un arte que requiere atención, comprensión y compromiso, un delicado danza de empatía, comunicación y respeto mutuo que cultiva conexiones profundas y fomenta los bonos emocionales.

En su núcleo, las naciones de nutrición implican escucha activa: una voluntad de abrir y comprender los pensamientos, sentimientos y perspectivas de los demás. Se trata de crear un espacio seguro donde las personas se sienten valoradas, escuchadas y aceptadas para quiénes son.

La comunicación se encuentra como una piedra angular en las relaciones de nutrición. No se trata solo de palabras, sino que se expresan abiertamente, honestamente y respetuosamente. La comunicación efectiva construye puentes, resuelve conflictos y fortalece la base de confianza y comprensión dentro de las relaciones.

Empatía juega un papel fundamental en las relaciones de nutrición. Implica pasar a los zapatos de otros, reconociendo sus emociones y respondiendo con compasión. Al empatizar entre sí, las personas conjunta conexiones más profundas, ofreciendo soporte y validación en tiempos de necesidad.

La coherencia y el compromiso son vitales en las relaciones de nutrición. Se trata de mostrar, estar presente y invirtiendo activamente el tiempo y el esfuerzo en mantener el vínculo. Ya sea a través de pequeños gestos de bondad o actos consistentes de apoyo, la dedicación nutrea las raíces de las relaciones, asegurando su crecimiento y longevidad.

Además, las relaciones de nutrición implican celebrar los éxitos de los demás, de pie durante los desafíos y creciendo juntos a través de experiencias compartidas. Se trata de crear una asociación construida sobre valores compartidos, admiración mutua y un deseo genuino de verse entre ellos prosperar.

En última instancia, las relaciones de nutrición son un viaje continuo, un esfuerzo continuo para tiende al jardín de las conexiones, cultivando un entorno donde el amor, la confianza y la comprensión florecían, creando bonos resistentes y cumplidos que enriquecen las vidas de todos los involucrados.

Capítulo cinco

Rituales sólidos y prácticas

Los rituales sólidos y las prácticas en la cristiandad tienen un significado profundo, sirviendo como conductos para la conexión espiritual, la reverencia y la comunión con lo divino.

La Eucaristía, también conocida como comunión o la cena del Señor, se encuentra como uno de los rituales centrales y santides. Simboliza el recuerdo del sacrificio de Jesucristo, donde los creyentes participan en pan y vino, que simbolizan el cuerpo y la sangre de Cristo, fomentando una profunda conexión espiritual y unidad entre los fieles.

El bautismo representa un rito sagrado de iniciación en la fe cristiana. A través del acto simbólico de inmersión en agua o rocío, las personas declaran públicamente su compromiso con Cristo, lo que significa un renacimiento espiritual y la entrada en la comunidad de creyentes.

La oración, una práctica integral, sirve como un medio de comunicación directa con Dios. Se necesita diversas formas, contemplación privada, adoración comunitaria, oración intercesiva, y sirve como un conducto para buscar orientación, expresando gratitud y fomentando una conexión más profunda con lo divino.

El sacramento de la reconciliación, o confesión, ofrece creyentes la oportunidad de arrepentimiento y curación espiritual. A través de la confesión a un sacerdote, las personas buscan perdón por sus pecados, experimentando la misericordia y la gracia de Dios, lo que lleva a renovación espessiva y reconciliación con Dios y la comunidad.

La liturgia, abarcando varios ritos y ceremonias, forma la columna vertebral de la adoración cristiana. Ya sea a través de la misa, los servicios o las celebraciones litúrgicas, guía a los creyentes a través de un marco estructurado de oración, lectura de las Escrituras y adoración comunitaria, fomentando una sensación de reverencia y devoción.

Estos rituales sólidos y prácticas en Cristo sirven como pilares de crecimiento espiritual, facilitando una conexión más profunda a Dios, nutriendo fe y fomentar un sentido de unidad, reverencia y cumplimiento espiritual dentro de la comunidad cristiana.

Los sacramentos: canales de gracia

Los sacramentos, reverenciados dentro del cristianismo, sirven como canales profundos a través de los cuales los creyentes experimentan gracia divina, que encuentran la presencia de Dios en formas tangibles y transformadoras.

Estos ritos sagrados, instituidos por Cristo, se consideran momentos pivotes donde la gracia de Dios se vuelve palpable y accesible para las personas. A través de los sacramentos, los creyentes encuentran momentos de profunda importancia espiritual, experimentando el amoroso abrazo y la guía de lo divino.

Bautismo, el sacramento de la iniciación, significa un renacimiento espiritual y entrada en la comunidad cristiana. Se lazó el pecado original y simboliza una nueva vida en Cristo, marcando el comienzo de un viaje espiritual y fomentando una profunda conexión a la gracia de Dios.

La confirmación fortalece este enlace, empoderando a las personas con los dones del Espíritu Santo. Significa un compromiso maduro con la fe, profundizando la conexión con la comunidad cristiana y sirviendo como conducto para la oruga de la gracia divina.

La Eucaristía, a menudo considerada más sagrada de los sacramentos, es un momento de profundo encuentro con Cristo. A través del participante de pan y vino, los creyentes comunian con el cuerpo y la sangre de Cristo, experimentando nutrición espiritual, unidad con otros creyentes, y una profundización de su relación con Dios.

Los sacramentos de la reconciliación (confesión) y la unción de los enfermos ofrecen avenidas para curación y renovación. Brindan oportunidades para el arrepentimiento, el perdón y la curación espiritual, lo que permite a las personas experimentar la misericordia, la gracia y la presencia de curación de Dios.

Matrimonio y órdenes santas, los sacramentos de la vocación, dieron las gracias a las personas únicas. Consiban y santifican los compromisos que las personas hacen en servicio a Dios y a la comunidad, fomentando el crecimiento espiritual y la gracia dentro de estas vocaciones.

Estos sacramentos, reconocidos como signos visibles de la gracia invisible de Dios, son encuentros transformadores con amor y misión misivales. Guiaban a los creyentes en su viaje espiritual, otorgamiento de gracia, fortaleza y fortaleza espiritual, fomentando una comunión más profunda con Dios y un profundo sentido de pertenencia dentro de la comunidad cristiana.

Oración: comunicación con la divina

La oración, el diálogo sagrado entre individuos y los Divinos, trasciende las meras palabras: encarna una conexión profunda, un conducto para la comunicación, el espacio, la orientación y la comunión espiritual con lo divino.

En su esencia, la oración es un acto de reverencia, gratitud y súplica, una conversación íntima con Dios, abarcando diversas formas y expresiones en diferentes tradiciones espirituales. Ya se habla en voz alta, susurró en silencio o transmitido a través de gestos, la oración sirve como un canal para que los creyentes se conecten con la presencia divina.

Es un medio para buscar orientación, sabiduría y fuerza en tiempos de necesidad: un santuario donde las personas derraman sus corazones, expresando esperanzas, temores y deseos a un Dios compasivo y amoroso. A través de la oración, los creyentes encuentran soluces, paz y un sentido de seguridad, sabiendo que sus peticiones son escuchadas y entendidas.

Además, la oración fomenta una relación más profunda con lo divino. Es un espacio para la introspección, la autoflexión y el crecimiento espiritual: un viaje que nutre el alma, cultiva a la humildad y trae a los individuos más cerca de comprender su propósito y conexión al plan divino.

La oración no es únicamente sobre hacer solicitudes; También es una práctica de gratitud:

un reconocimiento de las bendiciones recibidas, una celebración de las maravillas de la vida y un reconocimiento de la presencia divina en cada aspecto de la existencia. Fomenta una actitud de agradecimiento, cultivando un corazón lleno de aprecio por la belleza y la gracia otorgada a las personas.

A través de la oración, las personas se convierten en co-creadores de sus destinos, participando en un diálogo sagrado que forma la vuelta espiritual. Es una práctica transformadora que trasciende las barreras, une a los creyentes a través de diversos fondos y sirve como un lenguaje universal de fe y devoción.

En última instancia, la oración es una fuerza potente y potencial atemporal, una conexión que pega la brecha entre el finito y el infinito, ofreciendo soluces, orientación y un profundo sentido de conexión con la presencia divina que imprime cada rincón de la existencia.

Capítulo Seis

Desafíos en el camino

El camino de Cristo no es sin sus juicios y desafíos, viajando en sus pasos a menudo implica enfrentar la adversidad, dificultades dificultades y navegación de las complejidades que prueban la fuerza de la fe y la condena.

Uno de los principales desafíos en el camino de Cristo es la llamada para vivir una vida de desinteros en un mundo a menudo impulsado por el interés propio. Las enseñanzas de Cristo enfatizan la humildad, la compasión y el servicio a otros, pero adheriendo a estos principios en medio de presiones sociales, tentaciones y deseos personales presenta un desafío significativo.

La persecución y la oposición son temas recurrentes en las enseñanzas y la vida de Cristo. Los creyentes pueden encontrar resistencia o incluso hostilidad debido a su fe, enfrentando discriminación, ridículo, o incluso persecución por sus creencias. Este desafío exige la fe y el coraje inquebrantable de mantenerse firme a la parte de la adversidad.

Otro desafío radica en la incorporación del perdón y el amor, especialmente hacia aquellos que infligen daños o malhumorados. Las enseñanzas de Cristo enfatizan el perdón, pero practicando perdón en medio de la herida o traición requieren una inmensa fuerza y madurez espiritual.

Navegar por duda e incertidumbre también representa un desafío sobre el camino de Cristo. Los creyentes pueden contrarrestar con preguntas, luchas internas o momentos de crisis espiritual que prueben su fe. Encontrar tranquilidad y claridad en medio de dudas se convierte en un viaje arduo y transformador.

Además, las presiones sociales y las normas culturales pueden entrar en conflicto con los principios expulsados en las enseñanzas de Cristo. Llegar un equilibrio entre la fe y las demandas de un mundo secular pueden presentar un desafío continuo, lo que requiere discernimiento y compromiso firme con las creencias de uno.

Además, encarnar las enseñanzas de amor, compasión y no juicio de Cristo puede ser desafiante en un mundo marcado por la división, el conflicto y la intolerancia. Pide un esfuerzo continuo para trascender los prejuicios y los sesgos, abrazar todo con amor y empatía.

En última instancia, navegar estos desafíos en el camino de Cristo exige resiliencia, fe inquebrantable y un compromiso firme de vivir las enseñanzas de amor, compasión, perdón y desinteros a pesar de los ensayos encontrados en el camino.

Superando la duda y el miedo

Superar dudas y miedo en el ámbito de la fe en Cristo es un viaje profundo, una peregrinación hacia la resiliencia espiritual y la invicción convicul en la cara de las incertidumbres.

La duda a menudo se arrastra como una faceta natural de la fe. Es un momento en que surgen preguntas, desafiando la solidez de las creencias. Para superar la duda en Cristo implica una valiente exploración: una voluntad de buscar comprensión, cuestionar y buscar tragamonedas a través de la oración, el estudio y la contemplación. Es un viaje hacia la convicción más profunda, ya que las dudas abordadas y respondieron conducen a una fe más fuerte y madura.

El miedo, también, entra en camino hacia el camino de Cristo. El miedo a la desconocida, el miedo a la inadecuación o el miedo a las implicaciones de la fe inquebrantable puede ser desalentadora. Superar el miedo en el ámbito de Cristo implica una rendición, una rendición de miedos y ansiedades a los pies de Divine Providence. Se trata de confiar en la guía de Dios, apoyándose en sus promesas y encontrar un solo de su amor.

El remedio de dudas y miedo a menudo radica en la comunidad y la comunión. Alrededor de una comunidad de apoyo de los creyentes, participando en conversaciones, buscando abogados y compartir experiencias de fe y dudas pueden proporcionar una inmensa y resistencia. A través de experiencias compartidas y sabiduría colectiva, los creyentes encuentran aliento y la comprensión de que no están solos en sus luchas.

La oración se convierte en una poderosa herramienta para superar la duda y el miedo. Al convertirse en oración en momentos de dudas y miedo, les permite a las personas conectarse íntimamente con Dios, buscando su orientación, paz y comprensión. Es un canal a través de qué creyentes encuentran la fortaleza para enfrentar las dudas y conquistar temores, confiando en el plan divino que supera la comprensión humana.

En última instancia, superar la duda y el miedo en Cristo es un viaje en curso, un viaje que involucra introspección, buscando orientación, nutriendo fe a través de la comunidad y encontrarlo en general. Se trata de abrazar las incertidumbres con el coraje, sabiendo que la fe, cuando se prueba y fortaleció, emerge aún más resistente y firme.

Resistencia a tiempo en juicios de juicios

La resiliencia, un testimonio del espíritu humano, brilla más grande en tiempos de juicios y tribulaciones. Encarde la capacidad de soportar, adaptar y emerger más fuerte de los desafíos de la vida, convirtiéndose en una luz guía que ilumina el camino a través de la adversidad.

Durante los ensayos, la resiliencia se manifiesta como una fuerza interna: una mentalidad resiliente que refracta de los reveses como oportunidades para el crecimiento. Implica la capacidad de enfrentar dificultades con coraje, perseverancia y una determinación firme para superar los obstáculos.

La resiliencia no se trata de evitar las dificultades, pero navegando con la gracia y la fortaleza. Es la resiliencia que permite a las personas que las metientan las tormentas, doblarse, pero no romper frente a la adversidad y encontrar bolsillos de esperanza y fortaleza incluso en medio de caos.

Central a la resiliencia es el poder de la perspectiva: una mentalidad que vea los desafíos como oportunidades para el aprendizaje y el crecimiento. La resiliencia permite a las personas que glunan lecciones de la adversidad, fomentando el desarrollo personal y nutriendo una comprensión más profunda de uno mismo y el mundo.

Además, la resiliencia se nutre a través de redes de apoyo-familias, amigos, comunidades o grupos basados en la fe que ofrecen aliento, empatía y un sentido de pertenencia durante los tiempos difíciles. La fuerza de dibujo de estas conexiones fomenta la resiliencia, creando una red de seguridad que ayuda a las personas a restos de la vida.

La fe y la creencia en un propósito superior también contribuyen a la resiliencia. Para muchos, la fe sirve como un ancla-fuente de esperanza, orientación y fortaleza durante los ensayos. Incluyó un sentido de confianza en un plan mayor, proporcionando comodidad y resiliencia para soportar las dificultades.

En última instancia, la resiliencia no se trata de evitar las dificultades, sino desarrollar la capacidad de navegar con la gracia y la fortaleza. Es la capacidad de encontrar la resiliencia frente a la adversidad, surgiendo de juicios no destrozados, sino que se fortalecieron, con un renovado sentido de propósito, sabiduría y una profunda agradecimiento por la resiliencia del Espíritu Humano.

Capítulo siete

Viviendo las enseñanzas

Vivir las enseñanzas de Cristo abarca un viaje transformador, un esfuerzo consciente para encarnar sus principios de amor, compasión, perdón y desinterés en cada faceta de la vida.

En su núcleo, las enseñanzas de vida de Cristo implican practicar el amor incondicional, un amor que trasciende los límites, abarca la diversidad y amplía la bondad a todos. Se trata de tratar a otros con empatía y compasión, reflejando el amor que Cristo mostró a través de su vida y enseñanzas.

El perdón se encuentra como una piedra angular de las enseñanzas de Cristo. Vivir sus enseñanzas implica cultivar un dolor de palabras perdonando de ruedas, extendiendo misericordia y abrazando la reconciliación. Es un acto transformador que libera a las personas de la carga del resentimiento, fomentando la paz y la curación interna.

Las enseñanzas de vida de Cristo también significa practicar humildad: una virtud ejemplificada por Jesucristo mismo. Implica establecer el ego y el orgullo, abrazar el corazón de un sirviente y poner las necesidades de los demás antes de uno mismo. Es un enfoque humilde que fomenta las conexiones genuinas y nutre un espíritu de empatía y comprensión.

Además, vivir las enseñanzas de Cristo implica un compromiso con el desinterés. Se trata de servir sacrificadamente a otros, parado en solidaridad con los marginados, y abogando por la justicia y la igualdad, un reflejo de la dedicación de Cristo a servir a la humanidad.

Las enseñanzas de vida de Cristo es un viaje en curso, un esfuerzo continuo para encarecer sus virtudes en pensamientos, palabras y acciones. Implica buscar oportunidades para vivir sus enseñanzas en interacciones diarias, nutriendo un espíritu de amabilidad, generosidad y compasión en todos los aspectos de la vida.

En última instancia, vivir las enseñanzas de Cristo no es solo un deber religioso; Es una forma de vida: un camino que conduce a la transformación personal, el cumplimiento espiritual y un profundo sentido de propósito. Se trata de esforzarse por ser la realización de sus enseñanzas, creando un mundo iluminado por el poder transformador del amor, la compasión y el desinterés.

Aplicando la sabiduría de Cristo en la vida diaria

Aplicar la sabiduría de Cristo en la vida cotidiana es una práctica transformadora, una integración consciente de sus enseñanzas en acciones coordinadas, decisiones e interacciones que se forman la existencia de uno.

En su esencia, la aplicación de la sabiduría de Cristo implica anclar las decisiones y elecciones de la vida en sus enseñanzas. Significa abrazar su guía sobre el amor, la compasión, el perdón y la humildad como principios rectores en cada interacción, decisión y relación.

La sabiduría de Cristo alienta un enfoque considerable a la comunicación, un compromiso de hablar de verdad con gracia, amabilidad y empatía. Implica usar palabras que levantan, alienta y traen curaña en lugar de aquellos que se dividen o dañan.

Además, aplicar la sabiduría de Cristo significa cultivar un corazón compasivo, viendo el mundo a través de los ojos empáticos y extendiendo una mano ayuda a las necesidades. Implica activamente las oportunidades para servir a los demás, practicando actos de amabilidad y abrazar un espíritu de generosidad y empatía.

El perdón, una piedra angular de las enseñanzas de Cristo, encuentra su aplicación en la vida cotidiana a través de la práctica de dejar ir a los resentimientos, extender la misericordia y fomentar la reconciliación. Implica liberar el agarre de quejas más pasadas, lo que permite el espacio para la curación y restauración en las relaciones.

La sabiduría de Christ Christ también significa encorvar a la humildad, un reconocimiento de las fortalezas y debilidades de uno, fomentando un espíritu de apertura y reconociendo el valor en los demás. Implica una voluntad de aprender de los demás, para escuchar con un corazón abierto y acercarse a la vida con una actitud humilde.

En última instancia, aplicar la sabiduría de Cristo en la vida cotidiana es una práctica consciente e intencional, un compromiso de alinear pensamientos, palabras y acciones con sus enseñanzas. Es un viaje transformador que conduce a una vida guiada por amor, compasión, perdón y humildad, una vida que no solo beneficia al individuo sino que también se convierte en un balizo de la luz y espero que los alrededor.

Difundir luz y esperanza

La luz de difusión y la esperanza es un esfuerzo noble que enciende el espíritu humano y irradia la positividad, la resiliencia y la compasión en todas las comunidades y más allá. Se trata de convertirse en un balizo de inspiración, iluminando el camino para los demás y ofreciendo soluces en medio de la oscuridad.

En su núcleo, la difusión ligera y la esperanza implican la encarnación de la positividad, una mentalidad que vea las oportunidades en medio de desafíos, busca los revestimientos de plata en la adversidad y nutre una creencia inquebrantable en la posibilidad de mejor mañana. Se trata de cultivar el optimismo y compartirlo generosamente con aquellos que pueden estar luchando.

Los actos de amabilidad y compasión sirven como catalizadores para difundir luz y esperanza. Los pequeños gestos de empatía, apoyo y aliento pueden tener profundos efectos de ondulación, iluminando el día de alguien, restaurando la fe y inculcando un sentido de esperanza en los corazones de aquellos que pueden enfrentar dificultades.

Severece luz y esperanza, también se acerca a un oreje para escuchar y ofreciendo un soporte genuino. Se trata de crear espacios donde las personas se sientan escuchadas, valoradas y entendidas, donde se reconocen sus luchas, y se ofrecen tranquilidad, orientación o simplemente una presencia reconfortante.

Además, ser una fuente de esperanza significa conducir por ejemplo: una vida vivida en alineación con valores positivos, resiliencia y perseverancia. Se trata de mostrar a los demás que incluso a la vista de los desafíos, es posible aumentar de arriba, crecer más fuerte y encontrar un significado y propósito en el viaje.

Compartir historias de triunfo, resiliencia y amabilidad humana se convierte en una poderosa herramienta en la espirdo luz y esperanza. Estas narrativas inspiran, levanta y le recuerdan a otros del Espíritu inmotivable que reside dentro de cada persona, fomentando un sentido de empoderamiento y resiliencia.

La luz de difusión y la esperanza también implica crear comunidades que fomentan el apoyo, la unidad y la empatía. Se trata de reunirse, levantarse cada uno y colectivamente un ambiente en el que la esperanza prospera, y las personas se sienten facultas para superar los obstáculos.

En última instancia, difundir la luz y la esperanza no es solo un acto; Es una forma de vida: un compromiso de ser una fuente de inspiración, aliento y compasión. Se trata de iluminar el mundo con amabilidad, resiliencia e fe inquebrantable en el potencial de un futuro más brillante y más esperanzador para todos.

Capítulo ocho

Conclusión

Reflejando en el viaje

El reflejo del viaje de Cristo es una profunda exploración del sacrificio, la compasión y el poder transformador del amor, un viaje que trasciende el tiempo y continúa inspirando y guiando a la humanidad.

El viaje de Cristo encapsula el epitome del amor desinteresado, un sacrificio divino hecho para la redención de la humanidad. Es una narrativa que ejemplifica el compromiso inquebrantable a un propósito mayor, mostrando la resiliencia, el coraje y la fe inquebrantable frente a inmensas pruebas.

Sus enseñanzas y acciones reflejaban una profunda compasión, alcanzando la marginada, cura la enfermedad y la consoladora de la ruidosa. El viaje de Cristo se encuentra como un testimonio del poder transformador de la empatía, la bondad y un corazón que se desborda con el amor para todos.

La reflexión sobre el viaje de Cristo invita a la contemplación sobre el perdón y la reconciliación. Su último acto de perdón en la cruz sirve como un momento emblemático, que ilustra la naturaleza ilimitada de la misericordia divina y el potencial de redención y curación por el perdón.

Además, el viaje de Cristo simboliza el triunfo de la esperanza sobre la desesperación, la luz sobre la oscuridad. Sirve como luz guía, ofreciendo un espacio y orientación a aquellos que navegan por sus propios ensayos y tribulaciones, recordando a las personas que incluso en los momentos más oscuros, la esperanza y la resiliencia soportan.

El reflejo del viaje de Cristo solicita introspección: una llamada para emular sus virtudes, encarné sus enseñanzas y caminando un camino guiado por amor, compasión y desinterés. Es una invitación a vivir una vida que refleja sus valores, fomentando la unidad, la bondad y la empatía en un mundo a menudo marcado por la división y la sustones.

En última instancia, reflexionar sobre el viaje de Cristo invita a las personas a profundizar en su propio viaje espiritual, un viaje de crecimiento, autoestructura y alineación con virtudes divinas. Es una exploración continua del poder transformador del amor, el sacrificio y el legado perdurable de las enseñanzas de Cristo que resonan a través de las edades.

Continuando el camino hacia delante

Continuando el camino hacia delante en Cristo es un viaje marcado por feria, fe y dedicación inquebrantable. Es un profundo compromiso de seguir las enseñanzas y emular la compasión y el amor demostrado por Jesucristo.

En su núcleo, este camino implica un crecimiento continuo, tanto espiritual como personalmente. Requiere una profunda comprensión de las Escrituras, buscando la sabiduría y vivir por el ejemplo de Cristo en cada faceta de la vida. Se trata de abrazar la humildad, el perdón y la compasión hacia los demás, incluso a la parte de la adversidad.

Para muchos, este viaje comienza con reconocer a Cristo como su Salvador, pero no termina allí. Es un proceso continuo de transformación, donde uno busca alinear sus pensamientos, acciones y propósito con las enseñanzas de Cristo. Involucra la oración ordinaria, la introspección y la guía de búsqueda a través de la palabra.

Además, caminar en el camino de Cristo no es solitario; Implica ser parte de una comunidad de creyentes. Se trata de apoyarse entre sí, compartiendo experiencias y creciendo colectivamente en la fe. La comunión, la adoración y la porción de otros se convierten en aspectos integrales de este viaje compartido.

Sin embargo, este viaje no está libre de desafíos. Hay momentos de duda, tentaciones y tribulaciones que prueban la fe. Sin embargo, estos ensayos sirven como oportunidades para el crecimiento espiritual y fortaleciendo la conexión con Cristo.

Continuar en este camino es ser un balizo de la luz, compartir el amor y la esperanza que se encuentran en Cristo con otros. Se trata de difundir la bondad, la empatía y la comprensión en un mundo que a menudo anhelan estas virtudes.

En última instancia, continuar el camino hacia delante en Cristo es un compromiso de por vida, una elección consciente realizada a diario para vivir una vida que refleja la gracia, la misericordia y el amor ejemplificados por Jesús. Es una dedicación inquebrantable a volverse más de Cristo como en pensamientos, palabras y actos, esforzándose por hacer un impacto positivo en el mundo mientras murecía una relación más profunda con lo divino.